UNIVERSITÉ DE FRANCE. — FACULTÉ DE DROIT DE TOULOUSE.

THÈSE

POUR LA LICENCE,

EN EXÉCUTION DE L'ARTICLE 4, TITRE 2, DE LA LOI DU 22 VENTÔSE AN XII.

SOUTENUE

Par Marie-Ernest AUGÉ,

JUS ROMANUM.

Inst. Lib. II, Tit. XVII.

Quibus modis testamenta infirmantur.

Proœmium.

Testamentum non jure factum, prorsùs non valet : jure factum autem usque eò valet donec rumpatur, irritumve fiat. (N. T. P.) Interdùm etiam, quod non rumpitur neque irritum fit, inofficiosum dicitur, et propter hoc effectum non habet. Sed querela de inofficioso testamento extrà propositam materiam est, nobis igitur solummodò dicendum est :

1851

1° Quibus modis testamenta rumpantur ;
2° Quibus modis irrita fiant.

§ I.

Quibus modis testamenta rumpantur.

Rumpitur testamentum quùm in eodem statu manente testatore, ipsius testamenti jus viciatur : quod quidem adgnatione aut
quasi-adgnatione sui hæredis accidit, si quis enim post factum tes ·
tamentum adoptaverit șibi filium, testamentum ejus rumpitur quasi
adgnationi sui hæredis. (N. T. § 1.) Item adgnatione posthumi,
masculini en feminini sexûs qui neque hæres institutus , neque
exhæredatus est rumpitur testamentum, et eâ ratione totum in-
firmatur. (*Inst. Tit. XIII de exhæred, Lib.* § *I.*)

Posteriore quoque testamento, quod jure perfectum est, superius rumpitur ; nec interest extiterit aliquis hæres ex eo an non :
hoc enim solum spectatur an aliquo casu existere potuerit. Ideòque
si quis aut noluerit hæres esse, aut vivo testatore, aut post mortem
ejus antequàm hæreditatem adiret, decesserit, aut conditione sub
quâ hæres institutus est defectus sit, in his casibus pater fami-
lias intestatus morìtur ; nam et prius testamentum non valet ruptum à posteriore; et posterius æquè nullas habet vires quùm ex
eo nemo hæres extiterit. (N· T. § II.)

Idem jus est si hæres institutus, posteriore testamento, aut per ·
cretionem exclusus fuerit¡; aut propter celibatum ex lege Juliâ
summotus fuerit ab hæreditate. (*Gaius Inst. Comm. II , § 144.*)

Sed etiam si in posteriore testamento ex certis rebus hæredem
testator instituerit, nihilominùs jus totius hæreditatis ad hunc hæredem pertinet, et superius testamentum sublatum est : nam
nemo potest pro parte bonorum testatus, et pro parte intestatus
decedere. *Quod quidem rescripto imperatorum Severi et Antonini
in tertio iituli nostri § relato significatur.* Si vero in posteriore tes-

tamento ut prius valeat expressum est ruptum, quidem testamentum hoc modo efficitur, sed tenetur hæres scriptus, ut contentus rebus sibi datis aut suppletâ quartâ ex lege Falcidiâ, hæredîtatem restituat his qui in priore testamento scripti fuerunt. (*Idem rescriptum.*)

Sed testamentum ex eo solo rumpi non potest, quod posteà testator id noluit valere : usque adeò ut et si quis post factum prius testamentum posterius facere cœperit et aut mortalitate præventus, aut quia eum ejus rei pœnituit non perfecerit, non aliàs tabulæ priores jure factæ irritæ fient, nisi sequentes jure ordinatæ et perfectæ fuerint ; nam imperfectum testamentum sine dubio nullum est. (N. T, § 7.)

Attamen ex jure codicis aliter se res habet, nam secundùm legem XXVII *C. de Test.*, si quis condidit testamentum si quidem nulla contraria volontas apparuerit hoc est firmum ; si autem testator contrariam aperuerit voluntatem , et hoc vel per testes idoneos non minùs tribus , vel inter acta manifestaverit, et decennium fuerit emensum , tunc irritum est testamentum.

§ II.

Quibus modis testamenta jure facta irrita fiunt.

Irrita fiunt testamenta mutatione statûs in personâ testatoris , nam jus testandi habuisse testatorem tempore facti testamenti non sufficit : opportet quoque eum hoc jus tempore mortis habuisse.

Igitur testamentum irritum fit quùm is qui fecit, capite deminutus sit, capitis autem deminutio, sicut titulo XVI lib. I Justiniani institutionum significatur , est : maxima, aut media , aut minima. Maxima est quùm aliquis simul et civitatem et libertatem amittit; minor, sive media, quùm civitas quidem amittitur, libertas verò retinetur; minima; quùm et civitas et libertas retinetur, sed status Hominis commutatur.

Non tamen per omnia inutilia sunt ea testamenta quæ ab initio jure facta, propter capitis deminutionem irrita facta sunt; nam si septem testium signis signata sunt potest scriptus hæres prætoris edicto secundùm tabulas testamenti bonorum possessionem agnoscere; si modò defunctus et civis Romanus et suæ potestatis mortis tempore fuerit. Si autem ideò irritum factum sit testamentum, quia civitatem vel etiam libertatem testator amisit aut quia in adoptionem se dedit, et mortis tempore in adoptivi patris potestate sit, non potest scriptus hæres secundùm tabulas bonorum possessionem petere. (N° T. § VI.)

Ex his quæ diximus colligere possumus testamenta effectum non habere, aut quia non jure facta sunt, aut quia jure facta rumpuntur, vel irrita fiunt. (N° T. § V.)

CODE CIVIL.

Droits et devoirs de la paternité et de la filiation légitime ou naturelle.

(Art. 203 à 211; 374 à 387.)

CHAPITRE Ier.

Association purement politique sous la législation romaine, la famille formait aux yeux de la loi un corps dont les membres divers réunis entre eux par des liens civils étaient placés sous la domination absolue d'un chef politique, le père de famille.

La famille naturelle, au contraire, basée sur les liens de consanguinité (cognatio) n'avait pas été de la part des législateurs l'objet de réglementations aussi précises, il y avait même une différence marquée, quant à leurs droits, entre les agnats et les cognats. Lorsque le christianisme renversa les vieilles idées d'absolutisme, les empereurs, obéissant à leur insu à cet esprit de rénovation introduit par la nouvelle doctrine, modifièrent profondément l'antique législation.

Telle qu'elle est constituée aujourd'hui par le Code civil la famille n'offre plus aujourd'hui aucune différence entre ses membres agnats et cognats comme dans l'ancien droit romain. Lorsque deux personnes s'unissent légalement par les liens du mariage, elles forment entr'elles une société dont le but est, d'après le code civil, l'administration de leurs biens, des biens des enfants à naître de ce mariage et les soins à donner à la personne de ces mêmes enfants. De l'établissement de cette société résultent donc pour les parents des obligations relatives à l'éducation des enfants, à la gestion de leurs biens, et, réciproquement, pour les enfants, l'obligation de fournir des aliments à leurs parents.

En premier lieu, nous traiterons de la puissance paternelle et des droits des parents sur la personne et les biens de leurs enfants; nous parlerons ensuite des devoirs des enfants à l'égard de leurs auteurs, et dans l'examen de ces deux phases de notre question, nou nous occuperons incidemment des droits et des devoirs établis par la loi entre les parents et les enfants naturels.

SECTION I.

De la puissance paternelle.

Sous l'empire de la législation romaine, la femme était considérée non comme la mère de ses enfants, mais plutôt comme leur sœur. Elle n'avait aucune part à la puissance paternelle. D'après le Code civil, la femme possède avec son mari cette même puissance à l'égard de ses enfants, avec la restriction que voici : à savoir que la loi lui interdit l'exercice de ce droit pendant tout le temps de la capacité civile du mari. Lorsque le mari vient à perdre ses droits civils, ou lorsque la mort ou bien l'absence l'ont mis dans l'impossibilité d'accomplir les actes relatifs à cette puissance, c'est la femme qui l'exerce de plein droit au sein de la famille.

Lorsque la puissance paternelle a pour objet la personne des enfants issus du mariage, elle est la source pour le chef de la famille, du droit de diriger leur entretien et leur éducation, pour les enfants d'obéir à eurs parents, et la sanction de cette obligation se trouve dans le droit conféré aux pères, par les articles 376 et suivants, de les faire incarcérer dans des cas et des formes déterminés. La manière dont s'exerce ce droit de correction diffère suivant l'âge de l'enfant qui se trouve dans le cas d'être ainsi puni. Si l'enfant est âgé de moins de seize ans, le père pourra le faire détenir pendant un temps qui ne pourra excéder un mois. (Article 376.) Mais cette puissance accordée au père de famille ne va pas jusqu'à lui conférer d'une manière absolue le droit de requérir la force publique. Il devra, à cet effet, s'adresser au président du tribunal de son arrondissement qui lui délivrera l'ordre en vertu duquel la force publique pourra être mise à sa disposition, pour l'arrestation qu'il demande. Dans ce cas, le président ne doit pas examiner la cause de cette arrestation, pourvu que le père ne soit pas remarié (Art. 380), que l'enfant n'ait pas de biens personnels et qu'il n'exerce pas un état. (Art. 382.)

Si l'enfant a plus de seize ans accomplis, s'il exerce un état, s'il a de biens personnels, ou enfin si le père est remarié, ce dernier qui voudrait le faire incarcérer, devra s'adresser au président du tribunal de son arrondissement, qui, après en avoir conféré avec le procureur de la République pourra, s'il le juge convenable, accorder l'arrestation demandée ; dans cette circonstance, le maximum de l'emprisonnement est fixé à six mois. L'enfant possède alors le droit de se pourvoir contre la décision dn président qui a ordonné son arrestation; à cet effet, il pourra adresser un Mémoire au procureur-général de la cour d'appel. Celui-ci, après s'être fait rendre compte par le procureur de la République des causes de l'arrestation, fera son rapport au président de la cour d'appel qui pourra, s'il le juge équitable , révoquer ou modifier l'ordre d'arrestation. Avis en sera donné au père.

Les enfants d un premier lit, âgés de moins de seize ans et dont la marâtre serait morte, peuvent toujours être incarcérés par voie d'autorité paternelle. Cette détention, que le père est toujours libre d'abréger (Art. 379), n'est soumise à aucune formalité judiciaire, si ce n'est l'ordre d'arrestation dans lequel les motifs n'en seront pas exprimés : le père sera seulement tenu de souscrire une soumission de payer tous les frais et de fournir les aliments nécessaires. (Art. 378.) La raison des distinctions qui précèdent est basée sur la nature même des choses; il ne fallait pas, en effet, qu'une marâtre pût abuser de son ascendant sur son mari , pour faire incarcérer injustement des enfants issus d'un premier lit. La loi a voulu également éviter qu'un père dissipateur abusât de son autorité pour faire incarcérer son enfant dans le but de lui faire acheter sa liberté au détriment de ses biens personnels, ou qu'il pût l'entraver dans l'exercice de sa profession.

Le droit de punir un enfant de l'emprisonnement n'appartient qu'au père, avons-nous dit; mais lorsque ce dernier, à raison de son état intellectuel , ou d'une infraction grave commise par lui, a été déchu de ses droits civils, le droit latent de la mère se révèle , et c'est alors à elle qu'appartient l'exercice de la puissance paternelle : il en est de même en cas d'absence ou de mort du père de famille. La femme ne pourra user de ce droit que par voie de réquisition, c'est-à-dire qu'après s'être adressée au président du tribunal, et de plus avec le concours unanime des deux plus proches parents paternels (Art. 381). Cette restriction imposée par la loi lui a été dictée par l'incapacité présumée de la femme.

Si la mère veuve se remarie, les mêmes raisons qui ont fait restreindre le pouvoir du père remarié . à l'égard des enfants du premier lit , s'opposent à *fortiori* à ce que la mère conserve plus longtemps le droit de correction. Dans le cas où elle deviendrait veuve une seconde fois, il nous paraît logique de la réintégrer dans son droit primitif.

La famille civile ayant été basée en partie sur la famille naturelle, il a paru bon de conférer aux pères et mères des enfants naturels légalement reconnus des droits analogues à ceux des parents légitimes ; aussi leur fait-on l'application des articles 376 , 377, 378 et 379 du Code civil (Art.383). L'acte de reconnaissance complète la parenté naturelle en lui conférant le caractère civil qui lui manquait. Les enfants adultérins ou incestueux dont la loi prohibe la reconnaissance n'étant unis par aucun lien civil à leur père naturel ne peuvent être sous leur puissance et par suite emprisonnés par eux. L'article 382, qui prévoit le cas où l'enfant possède des biens en propre, nous paraît, malgré le silence de l'art. 383 devoir s'appliquer à l'enfant naturel ; les raisons sont , en effet, les mêmes. Aux termes de l'art. 374 , l'enfant mineur n'ayant d'autre domicile que celui de ses père et mère, ne peut quitter la maison paternelle et par suite celle où il aurait été placé par son père , sans la permission de ce dernier , si ce n'est pour enrôlement volontaire, et ce , après l'âge de 18 ans révolus (17 ans d'après un décret de 1848). Cet article 374 s'applique-t-il aux enfants naturels ? Nous ne croyons pas pouvoir résoudre cette question d'une manière absolue, les parents naturels peuvent être assimilés aux époux séparés de corps ; ce serait alors aux tribunaux qu'il appartiendrait de décider , en cas de contestation , quelle maison doit habiter l'enfant naturel. (Argum de l'art. 302.)

Le droit que la loi confère aux pères de famille de faire incarcérer dans certains cas leurs enfants, implique le devoir de les faire élever d'une manière conforme à leur état. Ce devoir, néanmoins, ne va pas jusqu'à donner aux enfants le droit d'intenter une action contre leurs parents pour un établissement soit par mariage ou autrement. (Art. 204.) La législation française, plus sage en cette matière que la loi romaine, interdit d'une manière absolue ces sortes d'actions qui étaient d'ordinaire la source de débats immoraux et scandaleux.

Section II.

Le père de famille est l'administrateur naturel des biens propres à ses enfants mineurs non émancipés. Il est, disons-nous, administrateur et non tuteur, d'où il résulte que ces biens ne seront pas grevés de l'hypothèque légale. Celui qui serait convaincu d'inconduite notoire pourra, à juste titre, être privé de l'administration des biens de ses enfants. (Art. 444. C. cass.) Aux cas des incapacités ci-dessus énoncées du mari, cette administration passera à la femme.

Le père, eu égard aux frais que lui nécessite l'administration de la personne et des biens des enfants, a évidemment droit à une compensation ; cette compensation consiste dans l'usufruit légal de leurs biens jusqu'à ce qu'ils aient atteint l'âge de dix-huit ans accomplis, ou jusqu'à l'émancipation qui pourrait avoir lieu avant l'âge de dix-huit ans. Cet usufruit comprend tous les biens de l'enfant, ainsi que ceux qui peuvent lui advenir par l'effet du hasard, comme par exemple un trésor ; cependant la loi a excepté de cet usufruit plusieurs biens dont nous donnerons le détail.

Attribuer au père les fruits acquis par les enfants à l'aide d'un travail ou d'une industrie séparée, eût été vouloir en quelque sorte éloigner ces derniers d'un travail qui désormais serait sans stimulant. (Art. 387.) Il doit en être de même lorsque le père ou la mère étant déclarés indignes à l'égard d'une succession ouverte, leurs enfants viennent à cette succession de leur chef propre. (Art. 730.) S'il en eût été autrement, le but de la loi qui est de punir les indignes en les privant de la succession dont ils sont déchus aurait été manqué en partie, puisque ils auraient pu profiter indirectement de cette succession par suite de l'usufruit légal. Il est entendu que l'époux indigne est seul déchu de l'usufruit légal,

2

son conjoint pourra toujours en user. A la mort de l'un des époux, le défaut d'inventaire des biens de la communauté fait encore perdre l'usufruit légal à l'époux survivant.

Enfin, ne sont pas compris dans l'usufruit légal les biens qui seraient donnés ou légués aux enfants à condition que les parents n'en jouiront pas. (Art. 387.)

Toute jouissance entraîne des obligations; celle des parents n'en est point exempte. Ces obligations ou ces charges sont, d'après l'article 385, les mêmes que celles auxquelles sont tenus les usufruitiers; à savoir de dresser inventaire des meubles et état des immeubles. Quant à la caution à laquelle sont tenus les usufruitiers pour la restitution des objets jouis, les pères et mères en sont dispensés par l'article 601. C'est, en effet, une mesure de méfiance dont ils ne paraissent pas devoir être l'objet. Ils doivent encore nourrir, entretenir et élever leurs enfants suivant leur fortune, payer les arrérages ou intérêts des capitaux dûs par le fils. (Art. 385.) Ce même article 885 dispose encore que les pères et mères sont tenus des frais funéraires et de ceux de dernière maladie. M. Delvincourt pense qu'il faut entendre par-là les frais de dernière maladie de l'enfant lui-même ; mais si nous réfléchissons que ces frais sont toujours à la charge de l'héritier, nous nous rangerons de l'avis de M. Zachariæ, d'après lequel il s'agirait des frais funéraires des personnes auxquelles l'enfant a succédé, ou de ses donateurs.

Les parents naturels ne sont plus ici sur la même ligne que les parents légitimes ; la loi ne leur accordant pas l'usufruit légal, ils n'en sauraient avoir les charges. Nous avons mentionné incidemment quelques-unes des causes de la cessation de l'usufruit légal, il nous reste à en indiquer quelques autres. Ainsi la mort naturelle ou civile de l'usufruitier légal ou de l'enfant; la renonciation à cet usufruit, pourvu qu'elle ne soit pas faite *in fraude creditorum* ; le second mariage de la mère veuve (386) ; l'émancipation de l'enfant et l'accomplissement de sa dix-huitième année, sont autant de causes qui mettent fin à l'usufruit.

CHAPITRE II.

Devoirs réciproques des parents et des enfants par rapport à la dette alimentaire.

A chaque droit correspond un devoir. Cette vérité si générale, qui embrasse tout, est d'une importance essentielle dans la famille. Si ces droits et ces devoirs ne sont pas respectés, la famille n'est plus qu'un mot. Nous devons laisser de côté toutes les considérations générales qui pourraient se rattacher à cette matière, pour ne point sortir des limites qui nous sont tracées par notre sujet, la dette alimentaire.

Les époux, par le fait du mariage ou bien de la paternité, contractent l'obligation de nourrir, d'entretenir et d'élever leurs enfants selon leur fortune. (203 C. C.) En vertu de cet article, les enfants ont donc une action pour demander des aliments à leurs parents, mais il faut pour cela qu'ils soient dans le besoin et qu'ils n'y restent pas par leur faute. Cette dette est réciproque. (207.) Ce que nous venons de dire s'applique par conséquent aux parents qui actionnent leurs enfants.

Cette obligation est imposée non-seulement aux membres proprement dits de la famille, mais encore à ceux qui y sont entrés par alliance, tels que le gendre et la belle-fille à l'égard du beau-père ou de la belle-mère, mais l'obligation cesse lorsqu'ils se sont remariés, et lorsque l'affinité a été détruite par le décès de celui des époux qui la produisait et des enfants issus de son union avec l'autre époux.

Enfin, il est universellement reconnu que la dette alimentaire existe réciproquement entre l'enfant naturel et l'ascendant qui l'a légalement reconnu. Mais, à la différence de ce qui a lieu dans le cas de la paternité et de la filiation légitime, cette obligation n'existe pas entre l'enfant naturel et les ascendants de ses auteurs , la parenté naturelle n'existe que par la reconnaissance légale, et ce, de père à fils seulement.

Quid des enfants adultérins et incestueux ? Le Code civil leur donne (art. 762) le droit de réclamer des aliments ; d'un autre côté,leur reconnaissance étant interdite par la loi, cet article paraît ne devoir produire en leur faveur aucun effet légal (335). Comment pourra donc faire le malheureux enfant plongé dans cette affreuse position ? Comment pourra-t-il réclamer des aliments en vertu d'une qualité qui lui interdit de faire constater ou dont la constatation ne peut lui servir en justice ? Nous pensons que l'article 762 doit être entendu en ce sens seulement qu'il concerne le cas où la filiation adultérine aura été établie, non pas par un acte de reconnaissance de la part des auteurs, mais par exemple , incidemment dans un procès en désaveu de paternité , en séparation de corps et de toute autre manière indépendante de la volonté de l'enfant et de ses auteurs.

Ceux qui doivent des aliments en sont-ils tenus solidairement? Les opinions sont très-controversées à cet égard. La solidarité ne se présume pas, ce principe, vu le silence de la loi dans la circonstance qui nous occupe, nous paraît devoir s'appliquer à la dette alimentaire, et par suite nous croyons pouvoir induire que ceux qui la doivent ne sont pas solidaires.Comme cette dette, considérée non dans les objets à la prestation desquels elle donne lieu , mais dans le but en vue duquel elle a été créée, nous paraît indivisible, nous admettons que tous ceux qui doivent des aliments sont tenus pour le tout. On ne peut, en effet, vivre à demi.

La fixation de la quotité de la pension alimentaire est une question de fait livrée à l'appréciation du juge qui est tenu de prendre en considération la position sociale, les besoins du créancier , et la fortune du débiteur. Cette quotité peut, du reste, être élevée ou abaissée suivant l'augmentation ou la diminution des ressources pécuniaires des deux parties,ou selon leurs besoins réels. (208-209) Il résulte de ce principe que le juge peut également éteindre la dette alimentaire quand le créancier est arrivé à une position qui lui permet de s'en passer, ou bien quand le débiteur, à raison de son état de détresse, est dans l'impossibilité d'en continuer le paiement.

D'ordinaire ; les pensions alimentaires sont payées au moyen d'une somme d'argent arbitrée par le juge. La position précaire d'un grand nombre de personnes les met souvent dans l'impossibilité de pouvoir disposer de valeurs en numéraire ; la loi ne pouvait donc pas les astreindre à une obligation qui est trop onéreuse et parfois impossible à remplir. Aussi la loi autorise-t-elle le juge à décider de l'opportunité de la prestation de la dette alimentaire en espèces ou en nature. Si le juge n'a point trouvé d'inconvénients à ce que la prestation ait lieu en nature, le débiteur pourra être tenu de recevoir le créancier dans son domicile et de le nourrir et entretenir selon que l'exigent ses besoins et sa fortune. (210.)

L'article 211 confère aux tribunaux la mission d'apprécier les cas où il est utile et juste de dispenser de payer la dette alimentaire en espèces, les parents qui offriraient de la payer en nature. L'acceptation de cette offre des ascendants pourra parfois être exempte d'inconvénients. Mais en sera-t-il de même, lorsque des enfants qui, ayant leurs auteurs dans le besoin, attendront pour les secourir que la loi les y contraigne ? Nous ne le pensons pas. D'un côté s'il est bon, la plupart du temps, que l'enfant soit admis de nouveau sous le toit paternel, de l'autre ne serait-elle pas cruelle cette loi qui forcerait une mère ou un père assez malheureux pour réclamer des aliments, à les recevoir en nature chez leurs enfants assez impitoyables pour avoir étouffé à leur égard le cri de la nature et du cœur.

DROIT COMMERCIAL.

Des commissionnaires de transport. — *Du voiturier.*

Certaines villes avaient anciennement le monopole du commerce, cela fait que pour répondre à ses besoins commerciaux, il suffisait au négociant d'avoir des préposés dans chacune de ces villes. L'emploi des préposés a été rendu impossible de nos jours par suite de la concurrence et de la multiplicité des places de commerce.

On peut définir ainsi la commission : un contrat analogue à celui du mandat, par lequel une personne fait pour le compte d'un tiers des opérations *spécialement* déterminées. Il n'est pas absolument nécessaire que ces opérations soient commerciales. Comme tous les contrats, le contrat de commission se forme par le consentement des parties ; d'ordinaire c'est par voie de correspondance qu'il a lieu, ces correspondances indiquent aux commissionnaires les marchandises qu'ils auront à diriger sur telle ou telle place. Nous passerons sous silence les commissionnaires d'achat et de vente pour ne nous occuper que de la question des commissionnaires de transport, qui est la seule que nous ayons à traiter.

§ I.

Les commissionnaires de transport sont des commerçants qui se chargent de faire transporter dans un lieu indiqué les marchandises ou les meubles qui leur sont confiés à cet effet. Les commissionnaires d'entrepôt sont ceux qui reçoivent les marchandises en dépôt dans les villes où le mode de transport change. Le plus souvent les commissionnaires de transport sont en même temps commissionnaires d'entrepôt.

Du commissionnaire de transport.

Le commissionnaire de transport, en recevant la marchandise qu'on lui confie, doit en inscrire la nature et la quantité sur son livre-journal. Il est même tenu, s'il en est requis par son commet tant, d'inscrire de plus la valeur de ces objets. (Art. 96.) La lettre de voiture, d'après l'article 101 du Code de commerce, forme un contrat entre l'expéditeur et le voiturier, ou bien entre l'expédi_ teur, le commissionnaire et le voituri er.Le contrat existant de fait avant la lettre de voiture , celle-ci ne fait qu'en constater la nature, l'existence et l'étendue. Elle est nécessaire pour constater le contrat fait entre le voiturier et l'expéditeur, lorsque ce dernier s'est directement adressé à lui. Elle ne saurait évidemment cons. tater un contrat entre l'expéditeur, le commissionnaire et le voiturier, si l'on considère que les conventions ne sont valables que pour ceux qui les ont faites ; or, l'expéditeur qui s'est adressé à un intermédiaire, le commissionnaire, n'a pas eu de rapports avec le voiturier, donc il n'y a pas de contrat entre eux. La lettre de voiture ne peut pas constater ce qui n'existe pas. — Dans ce cas, en effet, voici comment les choses se passent : l'expéditeur s'adresse au commissionnaire qui a pour mission de faire parvenir la marchandise qui lui est remise, au lieu qu'on lui indique, celui-ci est seul obligé envers l'expéditeur, et à son tour, il s'adresse au voiturier qui devra transporter les marchandises ; cela constitue entre eux un contrat qui ne peut obliger en rien le voiturier avec l'expéditeur. L'article 101 du Code de commerce a plutôt considéré les conséquences du contrat formé d'un côté entre l'expéditeur et le commissionnaire, et de l'autre entre le commissionnaire et le voiturier que la formation de ces deux contrats ; c'est de cette manière qu'il nous paraît devoir être entendu. Souvent, en effet, le contrat existant entre l'expéditeur et le commissionnaire rejaillira sur le voiturier. Supposons, par exemple, qu'un expéditeur convienne avec un commissionnaire du nombre de jours que celui-ci mettra à transporter sa marchandise, en stipulant dix francs pour chaque jour de retard, que le commissionnaire à son tour avec son voiturier, vingt francs par jour de retard, au cas où la marchandise ne serait pas arrivée à sa destination au jour fixé ; le commissionnaire devra-t-il toucher la différence entre dix et vingt francs ? — Nous ne le pensons pas. En effet, le dommage pouvant résulter du retard devant seulement retomber sur l'expéditeur, un autre que lui ne saurait sans injustice être indemnisé d'une perte qu'il n'aurait pas eu à supporter.

L'expéditeur reçoit la lettre de voiture, une simple lettre d'avis est envoyée au destinataire. Celle-ci doit porter l'indication de la nature, de la contenance, ou du poids des objets à transporter, elle doit être datée, et de plus préciser l'indemnité consentie pour le cas de retard. Bien que les stipulations des parties doivent être respectées par le juge, il nous semble que dans certains cas il leur appartient de les modifier. Si par une négligence coupable, un commissionnaire garde long-temps dans ses magasins des marchandises dont la valeur est éminemment variable, des nouveautés par exemple, si le retard occasionné par sa faute s'est prolongé de manière à faire perdre à ces objets une grande partie de leur valeur, l'indemnité préalablement stipulée en cas de retard sera t-elle suffisante ? Evidemment non. Il appartiendra aux juges d'apprécier les dommages et intérêts auxquels devront être condamnés ceux qui, par un pareil oubli de leurs devoirs, ont dépassé de beaucoup les prévisions d'un retard ordinaire. La faute lourde peut être assimilée au dol. Il y aura lieu alors à faire l'application de l'article 1382 du Code Civil.

Sauf les cas de force majeure prévus par les art. 97, 104 du Code de commerce, les commissionnaires d'un côté et les voituriers de l'autre, sont responsables des retards apportés dans leurs transports, et sont passibles d'une indemnité envers qui de droit, lors même qu'elle n'aurait point été stipulée d'avance. A moins d'une convention contraire de la part des parties, ou d'un cas de force majeure légalement constaté, l'art. 98 décide que les commissionnaires sont garants des pertes ou avaries de marchandises.

§ II.

Le voiturier ne peut être responsable des pertes ou avaries des objets qu'il transporte dans le cas de force majeure ou de détériorations provenant de vices inhérents à la chose détériorée ; dans tous les cas, il est garant des pertes ou altérations des marchandises dont il est chargé d'effectuer le transport (Art. 103 C. c.) La clause qui autoriserait le voiturier à ne se porter garant que pour une somme déterminée ne nous paraît pas tolérable. Elle serait, ce nous semble, peu morale car elle semblerait en quelque sorte légitimer la négligence du voiturier et amnistier son incurie. Certains entrepreneurs ont cru pouvoir faire une pareille déclaration. Cette déclaration nous paraît nulle, bien qu'on ait cherché à l'étayer de précédents dont l'état aurait donné l'exemple vers la fin du siècle dernier, lorsqu'il entretenait des voituriers sur diverses routes. Pour fixer la qualité de l'indemnité pour le dommage ou la perte éprouvée, les juges auront surtout égard à la déclaration de la partie lésée et à sa moralité, le tribunal se bornera à fixer une indemnité convenable sans la mettre tout entière à la charge du commissionnaire ou du voiturier. En recevant sa marchandise et en payant le prix de son transport le destinataire s'interdit toute action contre le voiturier (Art. 105 C. c.)

Les tribunaux de commerce, ou à leur défaut, les juges de paix sont investis du pouvoir de nommer les experts chargés de vérifier et de constater l'état des objets dont l'envoi donnerait lieu à des contestations ou à un refus de la part du destinataire. Ces marchandises seront mises en dépôt ou séquestrées dans un dépôt public s'il y a lieu. (C. 1137, 1961 S.) Le voiturier pourra en demander la vente pour être payé du prix de son transport. (C. 93 S.)

Les entrepreneurs de messageries et de roulage sont tenus de déclarer à la régie les marchandises à eux confiées, qu'ils auraient depuis plus de six mois et dont personne ne serait venu revendiquer la propriété. Les meubles ou marchandises qui se trouveront dans ce cas seront vendues à la diligence de la régie par voie d'enchère publique. Les formalités suivantes devront être observées : l'ouverture des caisses, ballots, paquets, malles ou autres objets devra avoir lieu en présence d'un juge-de-paix. Un mois avant la vente des objets non réclamés, les employés de la régie devront faire insérer dans les journaux un avis qui fixera le jour et l'heure de cette vente ; l'avis contiendra en outre tous les renseignements propres à faciliter la reconnaissance et la réclamation des objets délaissés. Le décret du 13 août 1810 aussi dispose qu'un état séparé du produit de ces ventes serait dressé, pour le cas où, dans un nouveau délai de deux ans, il surgirait une demande susceptible d'être prise en considération.

En cas de perte ou d'avarie de marchandises, les actions à intenter contre les voituriers ou commissionnaires se prescrivent et s'éteignent après six mois pour les transports faits dans l'intérieur de la France. Le délai de prescription est d'une année pour les objets expédiés à l'étranger. Les dispositions précédentes (C. c. 108) seront appliquées sans préjudice des cas d'infidélité et de fraude, désignés par les articles suivants (C. c. 64, 97, 103, 105). — (712, 2219 C.). Les prescriptions citées ci-dessus, courront, en cas de perte, à dater du jour où le transport des marchandises aurait dû être effectué ; en cas d'avarie, du jour de la remise des marchandises.

DROIT ADMINISTRATIF.

De la juridiction gracieuse des ministres.

En matière administrative, on entend par compétence l'étendue de la juridiction du pouvoir exécutif, qui se fractionne en deux branches: pouvoir exécutif pur et administration active. Au pouvoir exécutif pur appartient de déterminer les mesures à prendre pour assurer l'exécution des lois, ainsi que les dispositions générales de police et de sûreté publique. C'est lui qui imprime la marche à suivre aux divers agents officiels de l'état. et qui stipule les traités, les conventions ou les capitulations militaires. La discipline à observer dans les diverses administrations, les nominations, destitutions ou mises à la retraite de leurs agents divers, relèvent également du pouvoir exécutif. L'administration active se divise en deux catégories bien distinctes : administration gracieuse et administration contentieuse. En droit administratif, toutes les fois qu'un citoyen se prétend lésé dans un droit, le recours contentieux lui est ouvert; si, au contraire, il ne sagit que d'un intérêt froissé, il devra s'adresser à l'administration active au premier chef, c'est-à-dire à la juridiction gracieuse. Elle est dévolue aux préfets et aux ministres; c'est de cette dernière seulement que nous avons à parler.

§ I.

C'est plutôt par des actes d'administration que par des actes de

juridiction que se manifeste le pouvoir gracieux. En fait de juridiction gracieuse, il n'y a ni degrés d'instance, ni chose jugée.
L'agent supérieur peut toujours en pareille matière révoquer la
décision de l'agent inférieur, toutes les fois pourtant qu'elle n'aurait pas donné lieu à un droit acquis, ce qui occasionnerait un dé-
classement. Les agents administratifs, chacun dans leur cercle
d'activité, sont libres de suivre dans l'exercice de leur juridiction
gracieuse, tel mode qu'ils jugeront convenable, pourvu que la loi
n'en ait point tracé d'autre. Nous essaierons d'indiquer quelques-
unes des attributions gracieuses des divers ministres sans les suivre dans leur ordre alphabétique.

Au ministre des finances est conféré le droit de nommer les
préposés des octrois dont les revenus dépassent vingt mille francs;
il fixe le traitement de ces employés d'après l'avis des conseils
municipaux. Les traités de gré à gré entre la régie et les communes pour la perception et la surveillance des octrois ne deviennent
définitifs qu'après l'autorisation du ministre des finances. C'est à
lui également d'approuver dans les villes qui en sont susceptibles,
les bureaux de douanes où les commerçants peuvent examiner et
plomber les marchandises qu'ils envoient. Dans les villes dont la
population dépasse trente mille âmes, le ministre des finances approuve les abonnements des brasseurs avec la régie. Les arrêtés
des préfets en matière de poids et mesures, sont soumis à l'approbation du ministre de l'agriculture et du commerce, de qui dépendent aussi les autorisations provisoires concernant les bureaux
publics de mesurage et de pesage. Il appartient au ministre du
commerce d'ordonner, selon qu'il le jugera convenable, la fonda-
tion, la suppression ou le changement des marchés publics, son
approbation doit sanctionner les réglements faits par le préfet de
police de la Seine, au sujet du commerce des combustibles, livrés
à la consommation de la population parisienne. La police des eaux
navigables et des eaux minérales est réglementée par le ministre
de l'agriculture et du commerce, c'est lui qui autorise les particu-

liers à faire des constructions quelconques sur les cours d'eau navigables ou flottables.

Dans ses relations avec les communes, le ministre de l'intérieur est appelé à approuver les devis ou les plans des reconstructions ou des constructions nouvelles dont les frais doivent dépasser 30,000 francs. Cette disposition a, sans doute, été dictée par la crainte de voir des communes s'engager parfois dans des dépenses beaucoup trop onéreuses pour elles.

Le ministre de l'intérieur autorise, s'il y a lieu, les médecins en chef des établissements d'aliénés à résider hors de leur établissement. Les réglements des hospices d'aliénés, et les délibérations des conseils généraux qui règlent, d'après l'avis des préfets, les conditions d'admission dans ces établissements, sont soumis à leur approbation. Il en est de même pour les délibérations des conseils généraux au sujet de la gestion des propriétés départementales. En fait de théâtres, le ministre de l'intérieur se réserve les attributions gracieuses suivantes : nominations des directeurs de théâtres, autorisation à donner pour les pièces que les théâtres se proposent de représenter, fixation des répertoires des théâtres subventionnés de Paris et suspension ou suppression des pièces qui lui paraissent dangereuses. L'administration financière des hôpitaux ainsi que les budgets qui y sont affectés sont soumis à l'approbation du ministre de l'intérieur, qui ne consulte à ce sujet le ministre des finances que dans certains cas exceptionnels, par exemple quand il s'agit d'arrêter le taux des remises allouées aux percepteurs des sommes dues aux hôpitaux par des particuliers étrangers à l'arrondissement où ils sont situés. Le personnel de ces établissements publics dépend de la nomination du ministre de l'intérieur qui est libre de le révoquer. La publication des gravures, estampes ou médailles, est soumise à l'approbation de ce ministre de la juridiction gracieuse duquel dépendent aussi les brevets d'imprimeur, de lithographë et de libraire, ainsi que généralement toutes les mesures de haute police administrative.

Le ministre de l'instruction publique èt des cultes accorde les permissions nécessaires à la construction de cénotaphes dans l'intérieur des églises; en matiére de budget ecclésiastique, il statue définitivement sur les devis à arrêter pour l'achat des meubles destinés aux évêchés et pour leur entretien, annuel. Les candidats aux chaires vacantes des facultés concourent d'après des conditions et un mode d'épreuves déterminées par le ministre de l'instruction publique. En matière d'instruction secondaire , il approuve les réglements des colléges communaux et accorde aux parents des boursiers nationaux dont l'indigence lui est constatée une remise partielle ou totale des sommes qu'ils pourraient devoir aux lycées.

Il crée les écoles normales primaires partout où leur établissement lui paraît utile, et en répartit la dépense quand elle est entretenue par plusieurs départements d'une manière proportionnelle à la population. Il autorise les instituteurs primaires à recevoir des élèves de différentes religions, il leur confère l'institution après qu'ils ont été nommés par les comités d'arrondissement. Enfin, quand il le jugera utile il pourra dissoudre les comités de surveillance de l'instruction primaire et pourvoir d'office à leur remplacement.

Les attributions gracieuses du ministère de la marine comprennent : 1° L'approbation des dépenses du service militaire des colonies et des budgets annuels arrêtés par les gouvernements; 2° la fixation des cautionnements à fournir par les divers trésoriers des caisses des invalides de la marine; 3° la vérification des comptes de l'agent comptable des colonies qui doivent présenter les recettes et dépenses faites en France pour le service colonial; 4° l'examen des pièces justificatives produites par le trésorier, et le renvoi dans les colonies de celles dont la régularisation est jugée nécessaire. Avant d'être présentés au grand conseil de l'hôtel des Invalides, les budgets de recettes et dépenses doivent en être approuvés par le ministre de la guerre. Il devra également prendre les mesures convenables pour effectuer le recouvrement du débet des officiers compris dans un état de répartition, lorsque ces officiers se trouvent prisonniers, démissionnaires, déchus de leur grade, ou bien lorsqu'ils sont morts avant de s'être libérés. *Les travaux militaires* et les adjudications qui en sont l'objet dépendent de la juridiction gracieuse du ministre de la guerre.

Compétence gracieuse du ministère des travaux publics. — Le ministre des travaux publics est libre de procéder lui-même à l'adjudication des travaux publics ou de laisser ce soin à ses subordonnés. Il approuve le tracé définitif des chemins de fer, ainsi que les modifications proposées par les compagnies concessionnaires. Il approuve les projets de ponts nécessités par le parcours des chemins de fer. Il examine, approuve ou rejette les plans ou devis des travaux en construction concernant les édifices appartenant à l'Etat. Il fait de même la répartition des fonds destinés aux travaux neufs et aux grosses réparations du ressort de l'administration des ponts-et-chaussées. De plus, le ministre des travaux publics fait acte de juridiction gracieuse en refusant ou accordant le paiement des travaux faits sans autorisation préalable, en accordant aux entreprenenrs le délai qu'ils demandent pour exécuter leurs engagements et en prononçant la résiliation des adjudications.

Les ministres, chacun dans la sphère de leurs attributions, sont appelés à passer des marchés au nom de l'état ou à approuver ceux qu'ils font passer par leurs agents délégués à cet effet. Toutes les fois qu'un citoyen réunira les conditions exigées par la loi pour l'obtention d'une pension ou d'une retraite, il pourra l'exiger. Mais si, sans remplir exactement les conditions ci-dessus, ses états de services sont honorables, le recours gracieux lui est ouvert devant le ministre duquel il relève. C'est à cette occasion d'ordinaire que les ministres distribuent des secours annuels ou viagers, pour lesquels des fonds sont mis à leur disposition. Il était juste , en effet, de ne pas laisser sans récompense aucun des vieux serviteurs de l'état qui, par des circonstances indépendantes souvent de leur volonté, n'ont pu remplir les prévisions de la loi.

Vu par le président de la Thèse ,

DUFOUR.

Cette thèse sera présentée et publiquement soutenue dans une des salles de la Faculté de Droit de Toulouse , le 20 Janvier 1851.

Toulouse , imprimerie de Vᵉ Sens et Janot , rue de la Pomme, 60.